AF487854

Erfolg im Leben durch 21 Erfolgsgeheimnisse

SO WIRST DU MEHR GELD VERDIENEN,

DEINE MOTIVATION STEIGERN UND MEHR

LEBENSQUALITÄT GEWINNEN

Inhaltsverzeichnis

EINLEITUNG

Wer wünscht sich nicht den großen Erfolg. Viele träumen und setzen ihre Träume nicht um. Andere beginnen, doch geben schnell wieder auf. Wie kommt das und wie kannst du dein Ziel erreichen?

In diesem Buch widmen wir uns den Geheimnissen, die es Menschen erlauben, ihr Ziel zu erreichen. Hier wirst du auch erfahren, warum die meisten scheitern und wie du das vermeiden kannst. Damit bekommst du hier alle Werkzeuge zur Hand, die es dir ermöglichen, deinen Traum in die Realität umzusetzen.

KAPITEL 1: DEIN ZIEL

So traurig es klingt, doch die meisten Menschen scheitern bereits an der Zielsetzung. Das beginnt damit, dass sich die meisten Menschen überhaupt kein Ziel vorgeben. Von denen, die für sich ein Ziel definieren, setzen sich die meisten das falsche Ziel. Von der kleinen Gruppe derer, die sich das richtige Ziel setzen, setzen sich die meisten das Ziel auf die falsche Weise. Am Ende steht dann das Scheitern, was also genau genommen schon von Anfang an vorprogrammiert wurde.

Geheimnis 1 – Denke deine eigenen Gedanken

Das Scheitern wird den meisten von uns schon in die Wiege gelegt. Damit wir einen Erfolg haben können, brauchen wir ein Ziel. Unsere Eltern jedoch haben oftmals kein Ziel, besprechen ihre Ziele nicht mit uns, weil wir ja noch Kinder sind, oder haben alle Ziele bereits erreicht oder aufgegeben. Das heißt dann für uns, dass wir gar nicht dazu erzogen wurden, ein Ziel zu entwickeln und dieses konsequent zu verfolgen. Wenn du aber kein Ziel hast, wie kannst du dann einen Erfolg erringen bzw. einen Erfolg feststellen? Das Ziel ist der Maßstab und ohne es gibt es einfach nichts, das uns einen Erfolg erkennen lässt.

Nun ist es schon schlimm genug, nicht zu erfahren, wie ein Ziel gesetzt wird.

Das ist aber insofern noch harmlos, als dass du als eigenständige Person dennoch Träume entwickeln kannst. Träume sind der Anfang von einem Ziel und sind daher der Anfang zum Erfolg. Schlimmer ist es, wenn wir die Träume verlieren.

Unsere Träume verlieren wir nicht, wenn unsere Eltern uns keine Ziele lehren. Das erschwert zwar einiges, doch es ist immer noch an sich klar übersichtlich. Das heißt, wir können zu einer Erkenntnis kommen und dann doch unsere Ziele entwickeln. Es gibt jedoch Eltern, die einmal Ziele hatten. Sie übertragen dann ihre Ziele, die sie nicht erreichen konnten, auf ihre Kinder.

Eltern beeinflussen oftmals ihre Kinder dahingehend, dass sie ihnen ihre Ziele einreden, ihre Träume aufdrängen oder ihnen einfach nur keine Freiheit zum

Denken lassen. In einem solchen Fall hat das Kind nicht einmal den Eindruck, dass da etwas fehlt und dann seine eigenen Gedanken entwickelt. Hier ist es vielmehr so, dass wir die Ziele, die uns eingeredet werden, für uns selbst übernehmen.

Es sind aber nicht nur die Eltern. Wir bekommen immer wieder von der Gesellschaft eingetrichtert, was wir zu wollen haben. So sollen wir in der Schule mit voller Kraft lernen, danach einen guten Job finden, viel Geld verdienen, uns mit anderen messen und konsumieren. Was aber, wenn uns das nicht liegt? Was, wenn wir nur ein einfaches Leben wollen, keinen Konkurrenzkampf mögen, keinen Konsum brauchen und mit einem kleinen Einkommen zufrieden sind? Dann stehen wir schnell als Versager dar.

Fakt ist, die meisten Menschen würden sagen, dass sie viel Geld wollen. Fakt ist aber auch, dass die meisten Menschen gar nicht erst versuchen, reich zu werden oder aber den ernsthaften Versuch schnell aufgeben. Das liegt einfach daran, dass dies nicht ihr Gedanke, nicht ihr Ziel, ist. Sie wollen etwas anderes und glauben nur, sich viel Geld zu wünschen, weil ihnen das so eingeredet wurde. Ein solches Ziel, das in Wahrheit aufgezwungen wurde, motiviert jedoch nicht und wird daher nicht angegangen oder schnell aufgegeben.

Willst du Erfolg haben, dann brauchst du ein Ziel. Dieses Ziel muss DEIN Ziel sein. Es muss dir am Herzen liegen, deinen Bedürfnissen, Wünschen und Sehnsüchten entsprechen. Nur so kann es dich motivieren und nur dann wirst du es irgendwann auch erreichen. Ist das nicht der Fall, fängst du gar nicht erst an oder gibst nach den ersten Schritten schon auf.

Denke deine Gedanken. Frage dich immer wieder selbst, warum du dieses oder jenes willst. Höre genau darauf, was deine Gefühle dir sagen. Nur dann kannst du erkennen, was dir entspricht, was von dir kommt, oder was von dir von außen aufgeredet wurde. Achte darauf, dass du nur deinen Gedanken folgst, denn nur dann kannst du auch wirklich deine Ziele umsetzen. Nur dann sind es deine Ziele und nur dann motivieren sie dich.

Geheimnis 2 – Erhalte dir deine Träume

Kinder träumen oft. Aber wenn sie erst zur Schule gehen, verlieren sie ihre Träume nach und nach. Sie werden anderweitig beeeinflusst. Sie erkennen, dass sie funktionieren müssen und sie setzen den kurzfristigen Erfolg über den langfristigen Traum. Das bedeutet, sie wollen lieber gute Noten und Anerkennung jetzt, als den Traum morgen. Sie hören also mit dem Träumen auf.

Wenn du erfolgreich sein möchtest, brauchst du als erstes ein Ziel. Dieses Ziel muss dir entsprechen. Das heißt, es muss deinen Träumen entspringen. Wie aber kannst du ein Ziel finden, wenn du keine Träume hast? Wie kann dich ein Ziel motivieren, dass nicht deinen Träumen entspringt?

Motivation, das ist ein Gefühl. Dieses Gefühl folgt nicht der Logik. Träume entspringen Gefühlen. Es kommt also für dich darauf an, deine Träume, deine Traumwelten, zu erhalten, damit du deine Gefühlswelt erforschen und das richtige Ziel für dich ableiten kannst.

Träume wie ein Kind. Nutze deine Fantasie und durchlebe deine Traumwelten wann immer du Zeit hast. Dort kannst du sehen, machen und bekommen, was du willst. Dann weißt du, worauf es dir ankommt. Du kannst dein Ziel finden.

Auch nach dem Finden deines Zieles musst du deine Träume weiterträumen. Das dient dazu, dich zu motivieren. Indem du weiterträumst, erhältst du das Gefühl, den Traum umsetzen zu wollen. Wenn du weiterträumst, kannst du auch erkennen, ob sich deine Gefühle ändern. Es bringt nichts, einem alten Traum hinterherzujagen, wenn sich deine Gefühle geändert haben. Dann motiviert dich nämlich das alte Empfinden nicht mehr.

Erhalte dir also deine Träume, dann kannst du erkennen, wenn sich etwas ändert. Darüber hinaus erhalten dir deine Träume deine Motivation. Diese brauchst du, um auch tatsächlich an der Umsetzung der Träume zu arbeiten.

Geheimnis 3 – Mach das, was

dir liegt

Ein Ziel zu erreichen, einen Traum umzusetzen, verlangt einiges an Anstrengung. So brauchst du vielleicht einen Job für das Geld oder du willst ein Unternehmen gründen. Vielleicht willst du ein Haus bauen oder den richtigen Partner finden. Was auch immer dein Ziel ist, es kommt nicht von allein. Für die Umsetzung musst du arbeiten und hier ist ein wichtiger Punkt für deinen Erfolg.

Die Arbeit kann vielerlei Gesichter annehmen. Wenn du ein Haus bauen willst, kannst du viele Überstunden machen, um die Handwerker zu bezahlen. Alternativ kannst du selbst an deinem Haus herumwerkeln.

Willst du den perfekten Partner finden, kannst du viele kleine Beziehungen haben, um viele potentielle Partner auszuprobieren. Alternativ kannst du zu vielen Date Partys gehen, einen Club aufsuchen oder einfach alle deine Freunde und deren Freunde einladen.

Es gibt immer mehr als einen Weg zu deinem Ziel. Wichtig ist für dich, dass du den Weg beschreitest, der dir liegt. Jedes Mal, wenn du etwas tust, was du nicht magst, kostet dich das viel Energie. Jedes Mal, wenn du das tust, was du magst, motivierst du dich von allein. Wenn du also immer bei dem bleibst, was du liebst, wird deine Motivation dich weiterbringen, als wenn du etwas machst, was du eigentlich überhaupt nicht leiden kannst.

Geheimnis 4 – Such dir ein Ziel

Du brauchst ein Ziel. Ein Ziel gibt dir Richtung, um dein Leben bzw. deine Vorgehensweise zu planen. Ein Ziel gibt dir Motivation. Du wirst es in Teilziele unterteilen und wann immer du eines davon erreicht hast, hast du einen kleinen Erfolg. Jeder Erfolg gibt uns Energie und wir werden damit weitermachen.

Ziele sind also wichtig, weil sie uns zeigen, wo es langgeht, und uns in Bewegung halten. Da sie so wichtig sind, musst du dein Ziel weise wählen. Das geht damit, indem du drei Dinge zusammenbringst.

Als erstes musst du deine eigenen Gedanken denken. Damit kannst du dich von unerwünschten Einflüssen befreien und tatsächlich zu der Idee kommen, die dir am Herzen liegt.

Träume deine Träume und erlebe deine Traumwelten. Damit kannst du dich motivieren und genau erkennen, was du eigentlich willst. Du kannst auch erkennen, wenn sich etwas ändert, und darauf entsprechend reagieren.

Denke darüber nach, was dir liegt. Damit weißt du, welche Vorgehensweise dir leicht von der Hand geht und was dich belastet. Diese Entscheidung für einfachere Methoden schränkt die Möglichkeiten nicht ein, sondern ist eine Fokussierung, die deine Chancen auf den Erfolg noch erhöht.

Überlege dir nun Ideen von Dingen, die du vielleicht erreichen möchtest. Träume deine Ideen und überlege dir, ob das tatsächlich das Richtige für dich ist. Wäge die Ideen gegen die Vorgehensweisen ab, die dir am Herzen liegen und die du auf der anderen Seite überhaupt nicht ausführen möchtest. Entscheide dich am Ende dafür, was dir am meisten am Herzen liegt, dich am meisten in deinen Träumen interessiert und dir die für dich einfachste Vorgehensweise ermöglicht.

Geheimnis 5 – Motiviere dich selbst

Warte nicht auf die Einflüsse anderer. Lass dir von niemandem sagen, wann du anfangen sollst. Entscheide dich selbst dafür und sorge für die richtige Motivation. Diese bekommst du, wenn dein Ziel einige Voraussetzungen erfüllt.

Als erstes muss dein Ziel auch tatsächlich erreichbar sein. Das soll nicht bedeuten, es müsse leicht sein; doch wenn du von Anfang an weißt, dass nie was daraus wird, wirst du auch nie anfangen, es umzusetzen.

Als zweites muss dein Ziel konkret genug sein. Dann weißt du auch, was du tun musst, um es zu erreichen. Darum ist es wichtig, dein Ziel so genau wie möglich auszuformulieren. Das geht am einfachsten, indem du es in deiner Traumwelt immer wieder auslebst. Deine Fantasie kannst du noch anregen, indem du bestimmte Punkte recherchierst und dieses Wissen in deine Träume einbaust.

Drittens muss dein Ziel messbar sein. Es ist wichtig, dass du feststellen kannst, wann du dein Ziel erreicht hast. Das geht aber nur dann, wenn es konkret genug ist. Wünschst du dir, reich zu sein, dann ist das zu ungenau. Wünschst du dir aber, ein großes Haus zu haben, dann stell dir vor, wie groß es sein soll und wie es ungefähr aussieht. Nennst du dann ein solches Haus dein Eigen, dann hast du dein Ziel erreicht.

Viertens braucht ein Ziel eine Frist. Nur wenn du dir für das Erreichen eine Frist setzt, wirst du auch tatsächlich beginnen, an der Umsetzung zu arbeiten. Dann kannst du es auch tatsächlich am Ende erreichen.

Fünftens brauchst du Teilziele. Dein Ziel ist zu groß, um es einfach in einem Schritt zu erreichen. Daher brauchst du Teilziele. Diese zeigen dir den Weg in seinen einzelnen Abschnitten. Mit ihnen kannst du ständig kleine Erfolg erreichen und so sehen, dass du etwas erreichst. Das motiviert dich ganz besonders.

KAPITEL 2: DIE UMSETZUNG

Ziele sind eine Voraussetzung für den Erfolg. Sie sind der absolute Anfang. Damit dann aber etwas daraus wird, musst du sie auch umsetzen. Auch dafür gibt es einige Geheimnisse, die dir den Erfolg deutlich erleichtern.

Geheimnis 6 – Fang an

Viele Menschen haben einen Traum. Sie wollen etwas erreichen, stellen sich genau vor, was und wie, doch sie sind nicht erfolgreich. Das liegt einfach daran, dass sie nie anfangen. Sie haben Angst.

Wenn du dein Ziel erreichen möchtest, darfst du die Angst dir nicht im Wege stehen lassen. Die Angst gibt es auf zweierlei Arten.

Einmal ist da die Angst vor dem Erfolg und einmal ist da die Angst vor dem Misserfolg.

Es scheint unsinnig, doch viele Menschen haben gerade davor Angst, einen Erfolg zu erringen. Dann müssen sie nämlich weiter Erfolge erringen und immer mehr erreichen. Das aber erscheint im Augenblick zu viel für sie. Daher versagen sie lieber gleich, damit niemand - auch sie selbst - mehr von ihnen irgendetwas erwartet.

Die andere Angst ist die Angst davor, zu versagen. Dann werden die anderen sie auslachen, über sie herziehen und ihnen die Freundschaft kündigen. Da versuchen sie lieber nichts, damit sie immer sagen können, dass ihnen dies oder jenes möglich ist, ohne den Beweis zu erbringen.

Diese Angst führt dann zu einer scheinbar endlosen Planung, bei der nie etwas geschieht. Erlaube das nicht für dich selbst. Hast du Angst vor dem Erfolg, dann musst du erkennen, dass du mit jedem Erfolg wächst. Dir werden dann die folgenden Erfolge noch leichter fallen. Hast du Angst vor dem Versagen, dann musst du einfach erkennen, dass du beliebig viele Versuche hast. Du musst nicht jedes Mal erfolgreich sein, sondern nur ein einziges Mal.

Etwas anderes, das die Leute zurückhält, ist der Perfektionismus. Sie wollen den perfekten Plan entwerfen und dann erst mit der Umsetzung beginnen. Das ist jedoch Quatsch. Es gibt keinen absolut perfekten Plan. Du kannst dein großes Ziel haben und du brauchst vielleicht 100 Teilziele auf dem Weg dorthin. Du weißt jedoch keineswegs, welche das sind. Darum überlege dir das erste oder die ersten paar Teilziele und beginne mit der Umsetzung. Danach wirst du erkennen, wie du weitermachen musst und du bist immer flexibel.

Geheimnis 7 – Die 72 Stunden Regel

Erkenne für deinen Erfolg die Bedeutung der 72 Stunden Regel. Diese besagt, dass die Umsetzung innerhalb von 72 Stunden beginnen muss. Lässt du diesen Zeitraum ungenutzt verstreichen, sinkt deine Chance, dein Vorhaben anzugehen, auf unter ein Prozent. Dann motiviert es dich nicht mehr und du bist nicht mehr von dem möglichen Erfolg überzeugt. Daher, zaudere nicht. Such dir ein Ziel, leite die ersten Teilziele ab und fang so schnell wie möglich an.

Geheimnis 8 – Setze etwas ein

Vor jedem Erfolg steht ein Einsatz. Das Ganze lässt sich auch anders ausdrücken: Von nichts kommt nichts. Wie der Einsatz aussieht, das hängt von dem Ziel und deiner Vorgehensweise ab. Du kannst jedoch nicht einfach abwarten und hoffen, dass sich alles von selbst ergibt. Ebenfalls brauchst du nicht darauf zu hoffen, dass jemand anderes deine Ziele für dich erreicht.

Dein Einsatz kann zum Beispiel darin bestehen, dass du deine Zeit nutzt und recherchierst. Er kann darin bestehen, dass du dir eine Arbeit suchst und das nötige Geld verdienst. Alternativ kann er auch so aussehen, dass du Geld einsetzt, welches du schon hast. So oder so, du musst etwas einbringen, damit du den Weg von deinem Traum zu deinem Erfolg zurücklegst.

Geheimnis 9 – Nutze, was sich bewährt hat

Viele Menschen denken, sie müssen immer das Rad neu erfinden. Das stimmt aber nicht. Viele Menschen, die Erfolg haben, wissen, dass sie nur Dinge, die sich bewährt haben, zu kombinieren oder einfach nur zu nutzen brauchen.

Nehmen wir das iPhone. Das ist doch mal eine super duper neue Sache, nicht wahr? Nein, es ist nur ein Sammelsurium aus anderen Dingen. Das Betriebssystem stammt von der US Air Force für ihre Bomber. Die digitale Kamera stammt von den Spionagesatelliten des Kalten Krieges. Das GPS stammt von den US-Streitkräften, die damit ihrer Armee, ihrer Marine und ihren Bombern erlaubt, festzustellen, wo sie sich befinden. Das Telefon im Handy stammt von der Armee, die kleine, leichte Funkgeräte brauchte. Das Internet stammt von den Universitäten, die sich für die militärische Forschung austauschten. Die Verbindung von Computern als Netzwerk stammt von der US-Navy, die damit einem Schiff erlaubten, auf ein Ziel zu schießen, das ein anderes Schiff sah. Der Mikroprozessor stammt aus den Raketen, die damit den Weg ins Ziel fanden. Der Erfolg des iPhones beruht also nicht auf einer einzigen neuen Idee, sondern auf vielen alten Erfindungen, die kombiniert wurden.

Du musst natürlich nicht unbedingt Dinge kombinieren. Du kannst auch einzelne Ideen groß herausbringen. So sind viele der sehr bekannten und sehr erfolgreichen Menschen gar nicht diejenigen, die die Idee hatten. Tesla wird beispielsweie Elon Musk zugeschrieben, stammt aber von Martin Eberhard. Oder schau dir Mark Zuckerberg an; zwar wurde er mit Facebook reich, doch die Idee stammte von den Winklevoss Brüdern. Such dir also etwas, was irgendwo im Kleinen funktioniert, und nutze es für dich. Für einen großen Erfolg musst du es dann nur noch groß herausbringen.

Geheimnis 10 – Die 80 zu 20 Regel

Die 80 zu 20 Regel besagt, dass du mit 20% deines Aufwandes 80% deines Resultates erzeugst. Das heißt, wenn du 10 Stunden arbeitest, erbringst du in 2 Stunden 80% der Ergebnisse. Diese Regel funktioniert auf praktisch alle Dinge, die eine Leistung verlangen. So macht ein Unternehmen 80% seines Umsatzes mit 20% seiner Kunden oder von der Belegschaft verrichten 20% der Leute 80% der Arbeiten.

Hast du dieses Prinzip verstanden, kannst du es für dich nutzen. Das geht ganz einfach. Identifiziere die wichtigsten Aufgaben. Konzentriere deinen Arbeitseinsatz und deine Ressourcen darauf und deine Ergebnisse werden deutlich besser ausfallen.

Kapitel 3: Die Verbesserung

In der Industrie spricht man von einer sogenannten Lernkurve. Wird ein neues Produkt angefertigt, weiß noch niemand, wie es so richtig damit weitergeht. Mit der Zeit werden die Arbeiter besser, die Werkzeuge effizienter eingesetzt und die Arbeitsschritte optimierter geplant. Daraufhin sinken sowohl die Arbeitszeiten, die Ressourcen und die Kosten, die für die Produktion aufgewendet werden. Für dich gilt das genauso. Wenn du etwas erreichen willst, wirst du bei der Umsetzung Erfahrung sammeln, ein Netzwerk aufbauen und mehr Wissen anhäufen. Vielleicht entwickelst du auch noch ein paar neue Fähigkeiten. Am Ende wird dir aber alles sehr viel leichter fallen und du kannst immer schneller zu deinem Erfolg gelangen.

Geheimnis 11 – Bleib am Ball

Der Anfang ist schwierig. Du musst am Ball bleiben, damit du besser werden kannst. Du wirst ständig auf neue Hindernisse stoßen. Das ist normal. Lass dich nicht entmutigen und mach weiter. Der erste Schritt beginnt eine Reise, doch er beendet sie nicht. Du musst nun immer weitermachen, damit du am Ende dein Ziel erreichen kannst.

Erkenne, dass es um die Umsetzung deiner Ziele geht. Es geht um dein Glück und dein Wohlbefinden. Niemand anderes wird das für dich tun und es wird sich nicht von allein bewältigen. Bleib also dabei. Du bist schon so weit gekommen, da wäre es eine Schande, einfach aufzuhören.

Geheimnis 12 – Sei ehrlich mit dir selbst

Sei ehrlich mit dir selbst. Du wirst viele Menschen kennenlernen und neues Wissen sowie neue Erkenntnisse finden. Leute werden versuchen, dich zu beeinflussen und du wirst auch Fehler machen. Das wichtigste ist nun, all das zu erkennen, damit du damit arbeiten kannst.

Neues Wissen und neue Erfahrungen führen zu neuen Erkenntnissen. Dazu kann gehören, dass ein Ziel überhaupt nicht für dich geeignet ist. Das heißt nun aber nicht, dass du dich selbst verdammen oder einfach entgegen deiner Erkenntnis weitermachen solltest. Das heißt nur, dass du deine Ziele anpassen oder auswechseln musst. Sei dankbar dafür, dass du dich selbst besser kennenlernen konntest, damit du am Ende genau das erreichen kannst, was dich glücklich macht. Du musst nun nur vor dir selbst dazu stehen und deine Lehren daraus ziehen.

Die Leute, die du bereits kennst und die, die du bei der Umsetzung kennenlernst, haben alle ihren eigenen Hintergrund. Vor diesem Hintergrund werden sie versuchen, dir Ratschläge zu erteilen und dich zu beeinflussen. „Sei ehrlich zu dir selbst" heißt nicht, jedwede Ratschläge zu ignorieren. Es heißt aber auch nicht, diese einfach anzunehmen. Prüfe sie und finde heraus, ob sie wirklich das Richtige für dich und deine Wünsche sowie deine Bedürfnisse sind. Wenn ja, nimm sie an. Wenn nicht, dann kümmere dich nicht weiter darum.

Sei ehrlich in Bezug auf deine Fehler. Nur dann kannst du aus ihnen lernen. Wenn du die Schuld auf andere schiebst, kannst du dagegen keine Lehren daraus ziehen und du wirst verdammt sein, die Fehler zu wiederholen.

Geheimnis 13 – Lerne aus deinen Fehlern

Es gibt drei Wege, auf denen du lernen kannst. Du kannst über eine Sache ausreichend nachdenken. Du kannst den Beispielen anderer folgen und du kannst aus deinen Fehlern lernen. Das heißt, deine Fehler gehören einfach dazu und sind ein wichtiger Bestandteil des Weges zum Erfolg. Erkenne sie also an und lerne daraus. Versteck dich nicht davor, sondern sei froh darüber. Jeder kann Fehler machen. Das ist Bestandteil unserer Natur. Daraus nicht zu lernen, das ist Verschwendung.

Es gibt offensichtliche Fehler, deren Resultate schnell zu Tage treten und es gibt Langzeitfehler, die sich nur schwer identifizieren lassen. Lerne nicht nur von den offensichtlichen Fehlern. Halte von Zeit zu Zeit inne und überlege dir, ob alles tatsächlich so läuft, wie es soll. Dann kannst du auch die versteckten Langzeitfehler finden und aus ihnen lernen.

Geheimnis 14 – Es gibt immer eine Lösung

Auf dem Weg zum Erfolg wirst du erkennen, dass es immer Probleme gibt. Das Gute ist jedoch, dass es dafür auch immer Lösungen gibt. Gewöhne dir positives Denken an. Negatives Denken fragt nach dem Warum und konzentriert sich auf die Vergangenheit. Damit fragst du dich, warum dir das zugestoßen ist oder warum du das nicht schaffst. Positives Denken schaut in die Zukunft. Hier fragst du dich, wie du es schaffen oder wie du das Problem lösen kannst. Das positive Denken gibt dir Handlungsmöglichkeiten. Damit kannst du immer weitermachen und immer mehr erreichen.

Geheimnis 15 – Arbeite produktiv

Arbeit ist nicht gleich Arbeit. Wenn du ein neues Unternehmen aufbaust, solltest du den Akku in deinem Smartphone mindestens zweimal am Tag wiederaufladen. Das heißt aber nicht, dass du spielen sollst, sondern dass du Anrufe erledigst und Nachrichten verschickst. Sprich mit jedem, den du kennst und mit jedem, den deine Leute kennen. Mach dein Unternehmen bekannt.

Arbeit ist auch nicht, einfach in dein Büro zu kommen und dort die Zeit abzusitzen. Finde Kunden und überzeuge sie von deinem Angebot. Das ist es, worauf es ankommt, das Ergebnis.

Achte also bei allem, was du tust, darauf, dass du ein positives Ergebnis erzielst. Das positive Ergebnis ist das, was dich weiterbringt. Es hängt natürlich davon ab, was dein Ziel ist und wie du planst, dein Ziel zu erreichen.

Geheimnis 16 – Erkenne deine Verantwortung an

Wenn etwas nicht funktioniert, dann ist das deine Schuld. Erkenne das an. Du willst dein Ziel erreichen. Dabei wird es gute Tage geben und schlechte. Es wird Erfolge geben und Probleme. Wenn du deine Verantwortung allerdings nicht anerkennst, kannst du nichts ändern. Wenn du dagegen z.B. bei einem Misserfolg deine Schuld anerkennst, dann kannst du etwas verändern. Dann kannst du es erneut versuchen und dabei zu einer anderen Methode oder auf eine andere Möglichkeit zurückgreifen. Am Ende wirst du dann Erfolg haben. Weist du die Schuld aber von dir, lehnst du die Verantwortung ab, dann kannst du nichts bewirken. Dann erreichst du nur einen Stillstand und die Umsetzung deines Traumes ist gescheitert.

KAPITEL 4: BRING ES ZUM RICHTIGEN ENDE

Um dein Ziel zu erreichen, musst du dein Vorhaben auch zu Ende bringen. Da das Ziel aber dein Ziel ist, muss es das richtige Ende sein. Das heißt, dass du auch dein Ziel ändern musst, wenn du erkennst, dass dir das alte Ziel nicht oder nicht mehr entspricht.

Geheimnis 17 – Große Ziele lohnen sich

Große Erfolge basieren auf großen Zielen. Wenn du hoch hinauswillst, muss dein Ziel also groß sein. Auf dem Weg dorthin kannst du dir dann viele kleine Ziele setzen, damit du das große Ziel erreichen kannst. Diese halten dich motiviert und geben dir die Möglichkeit, dein Vorgehen zu planen.

Ein großes Ziel enthält immer eine Gefahr. Es kann einfach zu groß für dich sein und du gibst dann vorzeitig auf. Es kann sein, dass es zu lange dauert, es zu erreichen, und du gibst vorzeitig auf. Da es sich in der Ferne befindet, kann es passieren, dass du es aus den Augen verlierst und du gibst vorzeitig auf.

Große Ziele enthalten aber nicht nur eine Gefahr. Sie enthalten die Chance auf eine große Belohnung. Damit kannst du dein Leben komplett umkrempeln. Du kannst es praktisch vom Tellerwäscher zum Millionär bringen. Mit einem großen Ziel lässt sich fast alles erreichen, darum ist es so wichtig.

Was die Gefahren anbelangt, so sind diese real. Du kannst ihnen aber vorbeugen, indem du dir zum Beispiel das große Ziel immer wieder vor Augen führst. Du kannst dir ausreichend viele und vor allem kleine Teilziele setzen, dann hast du ständig Erfolge und scheust auch nicht vor dem nächsten Schritt zurück.

Belohne dich, wenn du die Teilziele erreichst. Dann wirst du auch noch nach Jahren weiter an dem großen Ziel arbeiten. Mach daraus eine Angewohnheit und du wirst einfach nicht mehr aufhören wollen, an deinem Ziel zu arbeiten.

Geheimnis 18 – Erhalte deine Motivation

Deine Motivation ist dein Antrieb. Keine Motivation und du kannst nicht weitermachen. Deine Motivation ist Energie, die von deinem Wunsch, deinen Träumen, deinen Hoffnungen und deinen Erfolgen herrührt. Es ist wichtig, dass du diese Energie erhältst, damit du nie aufgibst. Achte dabei auch darauf, dass du nicht so schnell verbrauchst.

Deine Motivation erhältst du, indem du dir dein Ziel und deine damit verbunden Hoffnungen in deinen Träumen immer wieder vor Augen führst. Du lebst dein Ziel einfach in deinem Kopf aus, so dass du immer weitermachen möchtest.

Nutze deine Erfolge bei den Teilzielen. Lass das gute Gefühl, das damit verbunden ist, zu und belohne dich. Damit regenerierst du deine Energie immer wieder. Achte darauf, dass du viele kleine Ziele hast. Dann reißt der Strom der Erfolge nicht ab.

Verbrauche nicht zu viel von der Energie. Der Verbrauch kommt, wenn du Dinge tun musst, die dich Energie kosten und keine Energie zurückbringen. Das ist immer dann der Fall, wenn du einer Aufgabe gegenüber stehst, die du nicht leiden kannst und bei der du scheiterst.

Den Verbrauch der Energie kannst du beeinflussen. Sorge dafür, dass deine Teilziele und die damit verbunden Aufgaben soweit wie möglich dir entsprechen. Dann fällt es dir nicht schwer, die damit verbundenen Handlungen vorzunehmen. Achte auch darauf, dass die Handlungen selbst das sind, was du magst. Plane sie sorgfältig und informiere dich im Vorhinein, dann erhöhst du die Chance auf einen Erfolg bzw. verringerst du das Risiko eines Misserfolges. Damit verbrauchst du deine Energie nicht so schnell.

Geheimnis 19 – Alles braucht seine Zeit

Rom wurde nicht an einem Tag erbaut. Dein Ziel mag nicht unbedingt so groß sein, wie die Ewige Stadt, Rom. Es ist jedoch eine Herausforderung und kann, wenn du es groß genug gewählt hast, ebenfalls nicht an einem Tag geschafft werden. Sei also geduldig und lass es zu, dass die Dinge ihre Zeit brauchen. Schau auf das Bild dessen, was du dir wünschst und erkenne, wie viele

Teile du über die Zeit hinweg geschafft hast. Das lässt dich weitermachen.

Geheimnis 20 – Bleib dir treu

Der Weg zu deinem Ziel steckt voller Verlockungen. Es warten neue Ideen und neues Wissen auf dich. Die Leute werden versuchen, dir neue Ideen einzugeben. Bleib deinem Ziel treu, denn es entspringt dir. Bleib dir aber auch selbst treu, indem du dich immer wieder hinterfragst, ob das Ziel dir nach wie vor entspricht. Lass dich nicht einfach so beeinflussen, halte aber auch nicht stur einen falschen Kurs. Bleib dir treu, das heißt, folge deinen Wünschen und deinen Bedürfnissen. Darum geht es vom Anfang bis zum Ende.

Geheimnis 21 – Achte auf dich

selbst

Damit du dein Ziel erreichen kannst, brauchst du Kraft, Gesundheit und ein langes Leben. Achte also auf dich selbst. Iss gesund und treibe Sport. Damit verfügst du über die Kraft, die du brauchst, um mit den Problemen fertigzuwerden. Bleib gesund, dann kannst du dich auf die Herausforderungen konzentrieren statt darauf, dass deine Krankheiten geheilt werden. Lebe ein langes, glückliches Leben, umso mehr kannst du erreichen.

Entwickle über die Zeit ein starkes Selbstbewusstsein. Das heißt, sei dir selbst über deinen Körper, deinen Geist und alle Warnzeichen bewusst. Dann kannst du frühzeitig erkennen, wenn du dich übernimmst oder wenn du etwas

Ungesundes tust. Du kannst dann gegensteuern und dir deine Gesundheit und deine Kraft erhalten.

Lass dich nicht einfach so gehen. Folge nicht ungesunden Gelüsten, wie zu viel Fast Food, Alkohol oder zu viele Partys. Das Zauberwort ist „zu viel". Jeder kann mal die Sau rauslassen. Jeder sollte mal Spaß haben. Es ist jedoch dann zu viel, wenn es deine Gesundheit angreift oder insgesamt zu einer Belastung wird.

Achte darauf, dass du Auszeiten hast. Diese geben dir Zeit für deine Träume. In diesen Zeiten kannst du deine Ziele, deine Vorgehensweise und deine Erfahrungen hinterfragen. Wichtiger aber, in diesen Zeiten kannst du leben. Damit kannst du Stress, Burnout und Depressionen vorbeugen und dennoch zu deinem Ergebnis gelangen.

SCHLUSSWORT

Jeder kann seine Ziele erreichen. Dafür brauchst du aber als erstes Ziele. Diese müssen dir entsprechen. Sie müssen konkret genug, erreichbar, zeitlich begrenzt und messbar sein. Du musst aus ihnen Teilziele ableiten. Dann können sie dir eine Richtung geben und dich motivieren.

Jedes Ziel kann nur erreicht werden, wenn du mit der Umsetzung anfängst. Halte dich nicht mit ewigen Planungen auf, denn du weißt ohnehin nicht, was du alles auf dem Weg brauchst. Hab keine Angst vor dem Erfolg, denn der nächste Erfolg wird einfacher werden. Hab keine Angst vor einem Fehlschlag, denn daraus lernst du einfach und versuchst es erneut. Du kannst eintausend Mal danebenliegen und das macht nichts. Du musst nur einmal alles richtig machen und dann hast du Erfolg.

Hast du mit der Umsetzung angefangen, musst du dabei lernen und ständig besser werden. Auf diese Weise fällt es dir leichter, deinen Erfolg zu erringen und es geht auch schneller. Dabei musst du ehrlich zu dir selbst sein und aus deinen Fehlern lernen.

Am Ende kommt es darauf an, einfach bis zum Erfolg weiterzumachen. Steh dabei zu dir selbst und achte auf deine Bedürfnisse und deinen Körper. Dann gibst du nicht auf und nichts kann dich auf der Zielgeraden umhauen.

IMPRESSUM

Text: Copyright © 2020 by ALI KALAI TLEMCANI

Impressum:

ALI KALAI TLEMCANI

1 Complexe El hassani Immeuble Amal 2

90000 TANGIER

Marokko

Fotos: © SergeyNivens / https://depositphotos.com/55151701/stock-photo-key-in-hand.html

Wichtiger Hinweis:

Die in diesem Buch enthaltenen Informationen dienen ausschließlich informativen Zwecken und dürfen unter keinen Umständen als Ersatz für eine professionelle Beratung oder Behandlung durch ausgebildete und anerkannte Ärzte angesehen werden. Diese beinhalten keinerlei Empfehlungen bezüglich bestimmter Diagnose- oder Therapieverfahren. Die Inhalte dürfen niemals als eine Aufforderung zur Selbstbehandlung oder als Grundlage für Selbstdiagnosen und -medikation verstanden werden. Die Informationen spiegeln lediglich die Meinung des Autors wieder. Der Autor übernimmt für die Art oder Richtigkeit der Inhalte keine Garantie, weder ausdrücklich noch impliziert.

Sollten Inhalte des Buches gegen geltendes Recht verstoßen, dann bittet der Autor um umgehende Benachrichtigung. Die betreffenden Inhalte werden dann umgehend entfernt oder geändert.

www.ingramcontent.com/pod-product-compliance
Lightning Source LLC
Chambersburg PA
CBHW070818170726
48000CB00018B/1250